PENSÉES POLITIQUES,

D'UN HOMME

QUI N'EST D'AUCUNE FACTION.

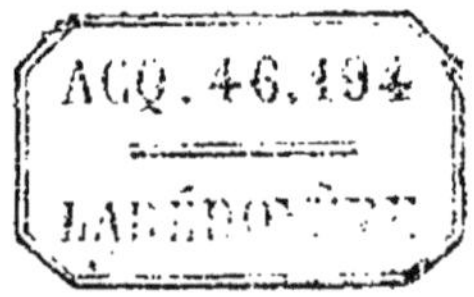

J'ai vu la vogue des opinions du jour; elles m'ont fourni matière à ces pensées sans suite, comme d'ailleurs elles sont sans conséquence.

LONDRES ET PARIS.

1818.

INTRODUCTION.

Après la chûte du despotisme et de la basse imposture, l'excès d'une tirannie jusqu' alors sans exemple et dont les attentats innouis *) ont rendu le sentiment de leur dignité aux nations qui trop longtems en ont été victime, a fait place à l'empire de la justice et de la tolérance. Ils sont passés ces tems affreux, où la force arbitraire tenait lieu d'équité, où les peuples paralisés par une sorte de terreur, courbaient avec résignation leur tête sous la verge de fer de l'Attila de notre Siècle. Frémissant à l'idée de ca-

*) Quand il n'y aurait que les assassinats du malheureux Libraire Palm, de l'infortuné Duc d'Enghien, ceux de Pichegru et du Capitaine anglais Wright, étranglé à Bicêtre; c'en est assez, pour vouer leur auteur à l'éxécration universelle!

chots et de supplices secrets, le déséspoir national renversa ce colosse éffrayant de force et de gloire, de qui la seule épée, jetée dans la balance politique, emportait toute la foule des Rois vainement soulevés contre lui.

Les Cieux même, que l'on croyait lui être soumis, ne semblaient-ils pas, au temps de sa desastreuse célébrité, fermer leurs cataractes, aussitôt qu'il avait dit: „je veux donner une Fête!“ Tout lui ayant réussi jusque là, il crût pouvoir tout oser impunément. Armé d'un glaive exterminateur, il prodigua les trésors et le sang des nations qu'il avait subjuguées. Mais toujours l'abus du pouvoir est le terme de ses usurpations, eh! qui aurait pu résister là, où, le géant des batailles a succombé deux fois?... Précipité dans le néant par cette providence outrée de ses crimes, l'univers, ébranlé de sa double chûte, a vu, qu'il existe une puissance suprême, qui d'une main équitable et sévère, pèse, en sa balance d'airain, et le bien et le mal; lassée de l'audace humaine, elle a, dans sa sagesse infinie, voulu rétablir un juste équilibre dans l'ordre des choses terrestres, et prouver ainsi aux mortels insensés, que le maître de l'univers, peut être aussi, dès qu'il lui plait, l'arbitre vengeur des Empires d'ici bas, en y rétablissant, comme loi première du droit des nations, une exacte réciprocité, et que ce Dieu tout-puissant renverse au gré de sa volonté les Empires qui souvent paraissent les mieux affermis, en frappant des têtes tant de fois couronnées!....

En effet, la France, agrandie de nos dépouilles, n'aguère, la maîtreſſe du monde, occupée aujourd'huy par les armées étrangères, s'est vue depuis déchirée par la famine, par les troubles civils, par le fanatisme religieux; elle se voit encore chargée d'impots excessifs, de contributions ruineuses, tout en éprouvant l'esclavage de la presse, semblable enfin à l'antique Egypte, elle est, comme celle-ci, tourmentée par sept plaies. Voilà ce qu'elle doit à l'ambicieux usurpateur qui déplore ses monstruosités sur un rocher d'Affrique, où il est couvert de la haine de ses contemporains comme il le sera de la malédiction de la postérité.

Les Nations du Continent, rendues à l'indépendance, ont enfin recouvert la liberté de la pensée et celle de la parole. Que la liberté de la presse éprouve ou non des entraves, les pensées d'un homme libre ne sauroient être dangereuses qu'aux ennemis de la tolérance. Le droit de penser et de parler, est la respiration de la liberté; quiconque y apporte des entraves, arrache la langue à la Nation et annonce, que semblable aux Despotes de l'Orient, il ne veut être servi que par des muets.

Mais la vérité a repris son autorité, elle osera proclamer à haute voix des pensées qui feront connoître aux Souverains et aux hommes d'état leurs devoirs, envers les peuples confiés à leurs soins. Espérons qu'ils ne la méconoîtront point, qu' après tant d'orages et de guerres sanglantes, les Princes pénétrés de la grande vérité, qu'ils ont été institués pour le bonheur des nations et non celles-ci pour être les jouets de leurs passions, après avoir par les heureux éfforts qu'ils ont faits, acquis une force et une consistance qui leur donnera longtems une prépondérance décisive, sauront assurer aussi l'indépèndance de leurs sujets, en maintenant cette paix achetée au prix de leur sang, et si nécéssaire au bonheur des Nations. Ramener les esprits, sans enployer des mesures violentes, cicatricer les plaies, ſans y porter le fer brulant, raſſembler avec prudence tous les élémens de la civilisation, au lieu de les repouſſer; tels sont les seuls principes de Gouvernement qui couviennent aux Souverains *) du dix-huitième Siècle.

*) Il en est un pourtant qui, par tout ce qu'il fait depuis son retour dans ses états, prouve, qu'au mépris de la leçon qu'il dût aux évènements, il n'a rien appris et rien oublié... Tout Prince qui ne suit point l'esprit de son siècle, en est, tôt ou tard, foulé aux pieds.

PENSÉES POLITIQUES

Malgré le voile qni couvre l'avenir et qui fait de la politique une science purement conjecturale, il est certain que l'étude de l'histoire, et une connoissance parfaite du passé, donnent quelques présages à l'avenir. Les hommes, leurs passions, les positions géographiques et les intérêts qui naissent de ces positions, restent éternellement les mêmes.

* * *

Dans les grandes commotions politiques, il est deux especès d'hommes, très distinctes; les uns braves, ardens, fiers, généreux, se précipitent dans les dangers; les autres, lâches, irrésolui, attendent qu'il ſoit passé, pour en recueillir les fruits.

* * *

Après la régénération du midi, nous voyons ſe former de grandes nations dans le nord, parcequ'elles s'affermissent et s'enrichissent des dépouilles du midi, où les peuples sont encore dans un état de trouble et d'incertitude qui ajoute à leur pauvreté, à leur dépopulation et à la faiblesse habituelle où les tien l'indolence insouciante, innée au caractère national des Peuples du Midi.

Le Midi n'aura bientôt plus aucune force à opposer aux peuples du Nord. Les Nations qui habitent entre le 55eme et le 60eme dégré de latitude, ſe jetteront un jour ſur l'Allemagne, ſur la France, ſur l'Italie et ſur l'Espagne qu'elles dévasteront, comme elles les ont ravagées aprés la destruction de l'Empire romain, qui ne périt aussi que par ſes propres dissentions et comme elles avoient déja ravagé ces contrées avant l'établissement de la République romaine, avant que les Scipions, les Metellus, les Maximus et les Marius n'eussent fermé les Alpes et les Apennins aux Gaulois, aux Cimbres, aux Teutons, et à toutes les hordes septentrionales.

* * *

Jamais dans la destruction de cet Empire, les Italiens n'ont pu fermer leur pays aux Armées des peuples du Nord.

* * *

Il y a certainement un instinct ſecret qui entraine les habitans du nord vers le midi, et il n'y a aucune espèce d'attrait, qui puisse engager ceux du Sud, à se porter vers le Septentrion A peine la curiosité peut-elle exciter quelques Savans à visiter ces contrées.

* * *

Il est généralement de fait, que toutes les conquêtes, soit en Asie. soit en Europe, se sont toujours faites du Nord au Sud.

Les Scythes, les Tartares, les Goths, les Vandales, les Bourguignons, les Normands descendirent des antres du Nord, pour dévaster le Midi.

* * *

Les Perses, les Macédoniens, conquirent la Perse, la Syrie et l'Egypte.

* * *

Les croisades se firent également du Nord au Sud. Les Francs, qui subjuguèrent les Gaules, vinrent aussi des Pays septentrionaux.

* * *

Il n'y a guères que trois peuples qui aient fait de véritables conquêtes en sens opposé, car les Carthaginois qui portérent leurs armes au nord de leur pays, en Espagne et en Sicile, furent bientôt subjugués par les Scipions. Ces trois Peuples dont je veux parler, furent les Romains, les Arabes, et les Chinois.

* * *

Les Romains qui étendirent leurs conquêtes, en allant vers le Nord, depuis le Tibre jusqu'à l'embouchure de l'Elbe, les Arabes, qui de la Mècque, remontèrent à la mer Caspienne et les Chinois enfin, qui chassèrent les Tartares Hiong-nou au delà du Jaïk, en marchant á l'occident et au Nord.

Encore les conquêtes de ces trois peuples ne furent-elles que des éfforts de peu de durée.

Les Goths, les Gépides, les Hérules, les Lombards fondirent bientôt après ſur l'Italie et s'y établirent. Les Francs et les Germains y firent aussi depuis des excursions dans tous les Siècles.

Les Tartares, sous le nom de Turcs Selgionides et Ottomanides, chassèrent les Arabes de la Perse et de Syrie en les forcant à rentrer dans leurs anciens déserts.

* * *

Les Mogols et les Mantchoux asservirent la Chine quelques siècles après qu'elle eut détruit le vaste Empire des Tartares Hiong-nou. Les Ottomanides prirent Conſtantinople et la Grèce.

Le Cardinal de Richelieu voulant abaisser la Maison d'Autriche, la fit attaquer par le peuple le plus septentrional de l'Europe, et Gustave Adolphe pénétra dans l'Empire.

* * *

Charles XII. depuis, a battu les Danois, les Polonais, les Russes, tous moins Septentrionaux que ne le fut ce Prince guerrier, qui ne dut ſa défaite qu'à ſa propre inconséquence. Depuis Frédéric le grand étendit son Royaume aux dépends de l'Autriche et de la Pologne, pays plus méridionaux que ſes Etats.

* * *

Dans une guerre de dix ans, s'il y en avait encore, on pourrait toujours parier en faveur du Peuple le plus septentrional, lors même que les forces des combattans feraient à peu-près égales.

* * *

Les peuples du Midi ont besoin d'une puissance qui les protège. La rivalité de l'Autriche et de la France a longtems préservé l'Italie d'être conquise ou par l'une ou par l'autre de ces deux puissances. Jadis la protection de la France a empêché le Corps germanique d'être dissous ou asservi par les Empereurs. Ainsi la France, que pendant plusieurs fiècles on à vue être la protectrice des petits états d'Italie, et des petits Princes d'Allemagne, pourra être destinée à devenir encore le bouclier du Midi.

* * *

L'impossibilité de traverser la France, a mis depuis longtems l'Espagne et le Portugal à l'abri des invasions des peuples septentrionaux.

* * *

L'intérêt de tous les peuples de l'Europe et particulièrement de ceux du Midi, est donc, que la France de quelque manière qu'elle foit gouvernée, conserve fon intégrité. Quelque foit d'ailleurs fa défaillance actuelle, elle seule dans le midi de l'Europe, possede encore et possédera toujours tous les élémens de la force

* * *

L'Angleterre enrichie par le commerce qu'elle enleve a tous les pays du Continent *) à trop

*) Si les puissances du Continent ruinées par le Mono-

de richesses et peut-être trop peu de population pour n'être pas subjuguée un jour par de nouveaux Normands, et si le Continent n'avait plus de balance, elle ferait, malgré ses flottes, beaucoup plus exposée aux incursions des Barbares. La barbarie la gagnerait à son tour, tout comme autre chose pourra bien aussi lui arriver à son tour!....

*
* *

Athéniens! qu'il m'en coute, pour obtenir vos louanges!" s'écriait au milieu de sa gloire le vengeur des Grecs, le vainqueur de Darius et de l'Asie, celui enfin, devant qui la terre resta en silence!....

„O habitans de sainte Hèléne!" disait Napoléon, étonné que son nom n'eût point retenti dans ces rochers reculés aux confins de l'Affrique, „que fallait-il donc faire, pour être connu de vous?" Alexandre voulu conquérir le monde, pour être loué par des poëtes et des orateurs; Napoléon s'afflige dans son île de ce que, cet hé-

---

pole anglais, avoient, à tems utile, été aussi intimément convaincues, qu'elles peuvent l'être aujourd'huy, des heureux résultats que devoit avoir pour leurs Fabriques et Manufactures le système continental, seule mesure vraiment patriotique, inventée par Napoléon; elles auraient, à coup sur, d'un mouvement spontané, déployé plus de vigueur à maintenir, sauf quelques modifications, quant aux denrées coloniales, un système tacitement regretté par la saine politique, et par tous les amis de l'industrie nationale...

misphére n'a pas été informé de ses conquêtes, avant d'avoir connu sa chûte.

* * *

Durant son gouvernement arbitraire et vexatoire et tandis qu'il ne respectoit ni la propriété, ni les traités, il pensait autrement. „Que m'importe," disait il, alors, „l'opinion des nations contemporaines, dès qu'elles n'osent point la manifester? la postérité jugera moins mes actions que leurs grands résultats."

* * *

Monarques absolus, Ministres constitutionnels, craignez le sort de Procuste; laissez agrandir les Nations et n'entravez jamais l'élan national. Plus puissant que l'Hercule antique, le nouvel Alcide parcourut le monde en trois pas et renversa du pied, les tirans avec leurs trônes d'airain.

* * *

Dans un état bien gouverné les véritables moyens de puissance, de gloire et de bonheur ne sauraient se rencontrer que dans la sympathie fidèle avec le sentiment national. Plus ces garanties s'étendront, plus leur influence favorisera les progrès du crédit et de la prospérité nationale.

* * *

Les grands crimes politiques (on peut mettre de ce nombre la mort du Duc d'Enghien) qui désolent les sociétés humaines, ont toujours pour base spécieuse l'intérêt général et le prétexte commun de tous les crimes publics est toujours le bien public lui-même.

* * *

Depuis le nouvel ordre des choses, prévenir est devenu le grand mot à l'ordre du jour.... On raconte que l'Empereur de Maroc, grand docteur en législation préventive, imagina un jour de donner à ses états, en un seul article, un Code qui prévenait tout. Il ordonna en conséquence que tout Maroquin se coupa la gorge..... Pour prévenir des clameurs et des cris séditieux, certains souverains auraient pu ordonner aussi à leurs fidèles sujets, de se couper la langue....

* * *

Il est de fait, que tout homme qui sert bâsement les passions des grands, commence par être boureau et finit par être vîctime.

* * *

Voilà pourquoi il n'est guères bon, pour les grands de risquer des confidences envers leurs subalternes; il n'est pas moins dangereux pour ceux-ci, de s'initier dans les secrets des grands. Fontenelle a dit très sensément, qu'il fallait refuser respectueusement toute confidence de leur part.

* * *

Grace à certains Ministres un principe de la grammaire a été changé; ce ne sont plus les exceptions qui confirment la règle, mais bien la règle qui confirme les exceptions,

* * *

Ce n'est pas toujours un génie supérieur qui fait les hommes d'état, c'est leur caractère. Il n'est pas donné à tous, d'avoir du génie. La nature seule le dispence et souvent elle en est avare. Pour être bon ministre, il suffit d'avoir pour passion dominante, l'amour du bien public, un jugement sain, de l'expérience, un coup d'oeil rapide, et de n'être ni inhumain, ni trop sensible.

* * *

Un ministre, quelque soit sa religion politique, paroîtra toujours être un fléau chez un peuple ignorant et grossier, et qui n'est sensible qu'à la puissance des coups. Mais il sera un môteur politique chez les peuples rebelles aux mauvais traitemens et sensibles à la raison.

Séparés d'ailleurs par leurs attributions particulières, ils ont pour lien commun ce point également intéressant à tous: lever de l'argent! Sans cette opération préalable, tous leurs travaux, qui, en dernier lieu, se réduisent toujours à des dépenses, ne pourraient s'opérer que dans leur tête. Il en résulte, que le premier talent d'un bon ministre consiste à bien connoître et à bien approfondir les resources de son pays et du système financier qu'on y a introduit, de bien calculer comment et par quels moyens on peut faire croître les moissons pécuniaires sans créer de nouveaux impots et sans établir des monopoles.

* * *

Un ministre sans reproche, peut mépriser la calomnie, il peut, fort du témoignage de sa conscience, ne répondre aux injures que par le silence; il peut, opposant pour toute défense, sa vie politique et privée, attendre que l'opinion publique fasse justice de ses détracteurs.

* * *

C'est le propre des hommes de mérite d'avoir de méprisables ennemis: sont-ils heureux et en crédit, on les loue sans cesse, on prône la moindre de leurs actions; sont-ils disgraciés, on juge leurs fautes comme autant de crimes.

* * *

L'homme d'Etat digne d'éloge et ayant le plus mérité de sa patrie, est sans contredit celui qui laisse à son pays, des monumens utiles, garans de la prospérité, dont il jouissoit de son tems.

* * *

Politiques profonds, grands machinateurs de systêmes, connoissez le véritable remède aux dissentions et à la fermentation que vous avez remarquées chez les peuples. Ce remède se trouve entre vos mains. Soyez justes et modérés, laissez aux petites ames les petites vengeanges et n'imitez par ces Ministres dangereux, qui dans les poisons de Locuste, cherchent des remèdes, que la nature a confiés à de simples plantes.

Tout sage gouvernement doit s'appliquer à aliéner une liberté possible à la souveraineté du trône; modifiée de la sorte, la liberté peut faire fleurir un Etat, et élever les âmes, en donnant aux hommes la consience de leur dignité; elle les instruit de leur valeur et dispose les esprit à cette liberté morale, qui ne nous fait haïr que les maîtrès, qui voudraient nous avilir.

Un Etat pour être heureux, doit donc nécessairement jouir d'une telle liberté fondée sur les lois, en sorte que l'autorité souveraine, dont elle émane, soit en même tems, affermie par elle.

* * *

Les peuples d'Allemagne plus sages, que ne le fut l'ennemi de leur indépendance, feignirent de dormir, pendant qu'on les opprimoit. Mais la mystérieuse Union dite Tugendbund leur préparoit, entre tems, un reveil qui assura leur délivrance.

L'esprit du siècle peut, à la vérité nous rassurer sur tous les évènemens à venir; il a formé entre les peuples un lien nouveau, à l'aide duquel les libertés nationales se garantiront mutuellement.

Mais gare à l'intérêt et à l'ambition, qui trop souvent détruisent les pacts fédératifs les mieux conditionnés!...

* * *

Machiavel, instruit de la situation actuelle

de tous les Etats et consulté sur ce que deviendra l'Europe, n'hésiterait pas à la regarder comme perdue, parceque dans les deux tiers de cette partie du monde, le droit des Nations n'est, jusqu'á ce jour, fondé que sur le droit du plus fort, et chaque Etat du continent veut acquérir de justes proportions et s'arrondir aux dépends de son voisin *).

* * *

Souvent le malheur donne du courage. Tel peuple subjugué plus par l'astuce que par la force, pourra, en ne prenant conseil que de son désespoir, **) reveiller sa première valeur, s'exercer à de nouveaux combats, tandis que ses vainqueurs s'endormiront dans la sécurité

---

*) Telle la Prusse; pour devenir une puissance bien compacte et encore plus formidable, (selon ses vastes projets, ce ne serait pas trop des deux tiers de l'Allmagne, pour lui donner l'importance qu'elle ambitionne) convaincue d'ailleurs qu'elle ne conversera pas longtems ses nouvelles possessions outre rhin; voudrait anticiper sur les évènements, pour se garantir d'avance, de pertes très probables, en s'appropriant dès aprésent, le Hannovre et une partie des Etats de Saxe. Espérons qu'il n'en sera rien, et que ses projets d'arrondissement, contraires à l'équilibre politique de l'Europe continentale, ne se réaliseront point au détriment de la Saxe.

**) „L'injustice, à la fin, produit l'indépendance!..“

de leur victoire. Il est de la politique des cabinets du Continent de chercher à réconcilier l'esprit national des Français et non pas à l'aigrir davantage. Le repos de l'Europe pacifiée doit n'être plus compromis. Et depuis quand une nation, n'aguères, si redoutable, est-elle devenue insignifiante au point à n'en plus appréhender le désespoir?... Le lion enchainé en est-il moins à craindre, alors qu'il cherche à briser ses fers?... La Prusse, qu'on a vue dans son agonie, n'a-t-elle pas prouvé, ce que peut une nation spontanément soulevée.

* * *

En considérant l'état actuel des choses, il n'est pas besoin de supposer l'emploi de la force, quand l'idée seule, et la supériorité d'un état en tiennent lieu.

* * *

La grande leçon donnée aux conquérans par la chûte de celui, qui reva l'idée d'une Monarchie universelle, en est une pour les tems présens et à venir.

* * *

Beaucoup de personnes d'ailleurs très sensées, refusent de croire au progrès des lumières parmi les peuples; aumoins devraient-elles croire à ces progrès dans l'esprit des Souverains et de leurs conseils; les faits prouvent la chose.

Il seroit de la politique des cours du second et troisième ordre de l'Allemagne, de favoriser l'élan des esprits vers la liberté et de former ainsi des hommes libres qui sont toujours de braves Soldats; on améliorerait ainsi dans l'espèce, ce qui manquerait du côté du nombre.

*
* *

Mais on serait tenté de croire, que déja il existe un système de temporisation suggéré par le désir de faire prendre, avec le tems, une toute autre direction à l'opinion publique.

*
* *

On ne sauroit inspirer aux jeunes gens assez d'estime pour leur nation *) puisqu'il est vrai, que plus on aime son pays, plus on est éloigné de toute lâcheté.

*
* *

Les souverains éclairés doivent savoir gré aux écrivains qui relèvent les vices de leurs coeurs et les défauts de leur esprit, comme leur médecin en use à l'égard des maladies de leur corps. Sans cette liberté, les peuples et les Prin-

---

*) Les Anglais en cela, suivent un principe digne d'imitation jusqu'à l'extrême, qui fait tourner leur amour de la patrie en un amour propre outré et ridicule, comme toutes les manies qu'ils affichent d'ailleurs.

ces sont égalemeut à plaindre. Il n'y a que des évrivains soudoyés qui flattent les grands. Les flatteurs sont les véritables séditieux. Quand un trône s'écroule, c'est pour avoir été miné par la flatterie, Flatter un Prince, c'est conspirer contre lui.

* * *

Il peut y avoir une sorte de mérite à blamer, même à tort, les hommes puissants; le danger de l'attaque en peut ennoblir l'injustice; mais il y a de la lâcheté à profiter d'un moment de disgrace, pour accabler ceux que par crainte, on respecta dans la faveur.

* * *

C'est une fatalité pour les gens de cour de ne pouvoir se faire une juste idée de ce que c'est qu'une nation; ils attribuent tout aux intrigues qui souvent sont leur domaine, mais qui ne peuvent rien sur l'opinion publique.

* * *

La grande erreur des courtisans est de chercher dans les évènemens particuliers les causes des sentimens manifestés par une nation entière.

* * *

Il ne faut pas, parceque certains cabinets de l'Europe traitent de Rébelles les Chefs de l'insurrection en Amérique, croire pour cela, qu'ils succomberont. On a traité comme tels Washington et Franclin; mais la gloire qui couvre leurs noms, est reservée aux imitateurs de leur exemple.

* * *

Les puissances continentales ne peuvent avoir aucun intérêt à s'opposer à la grandeur des Etats unis; l'Angleterre seule cherchera à le faire, mais elle payera du sang de ses sujets les tentatives inutiles qu'elle fera à cet égard. C'est une rébellion! sécrient-ils; eh non! messieurs du Parlement! ce n'est qu'une des époques réformatrices de la nature. Toute une partie de l'univers ne se révolte pas, elle ne fait que prendre une nouvelle forme. Ennemis déclarés du Gouvernement anglais, les Américains, lasés des vexations offensives, forts de leur indépendance, feront au moindre mécontentement, une guerre à outrance à cette ambitieuse Angleterre et finiront par écraser le commerce de cette nation, en rivalisant et combattant avec avantage sa marine, et par devenir ainsi possesseurs d'une grande partie de ses Colonies.

* * *

Toutes les contestations relatives à l'Amérique finiront très probablement par la question qui aurait du les précéder. C'est-à-dire: de quel droit l'Europe s'ingère-t-elle dans les affaires d'une nation indépendante?

* * *

Il est de l'intérêt de toutes les puissances du Continent de repousser le système de l'Angleterre, dont le Ministère n'a d'autre idée, que celle de soumettre l'Europe entière à son influence.

* * *

Etait-il politique de la part des Puissances alliées de remettre leur grand-prisonnier à la garde exclusive de l'Angeterre, ennemie naturelle du Continent et qui saura bien tirer parti de cet avantage, quand les Gouvernemens de la terre ferme, lassés enfin d'un monopole si désastreux à notre commerce, voudront, le reprimer et relever nos fabriques et nos manufactures ruinées, tandis que tous les magasins, regorgent de marchandises anglaises, échangées contre notre numéraire.

* * *

Tout Citoyen, ami de son pays et de sa constitution, doit n'être ni son adorateur, ni son esclave; dans le premier cas, il ne lui verrait aucun défaut, dans le second, il n'oserait la censurer.

* * *

Malheur à quiconque appelle l'oubli au secours de ses actions et de sa mémoire; en le jugeant lui-même plus sévèrement que ne l'auraient fait et les contemporains et la postérité, il s'avoue digne du mépris des uns et de l'autre.

* * *

Il est bon que les hommes d'affaires se méfient de ces alchimistes politiques qui se plaisent à souffler l'esprit de licenee et à le rallumer dès qu'il s'éteint. Qu'ils se méfient surtout de ces grands diseurs de rien, qui partout creusent et se perdent dans des discnssions sans fin,... pendant lesquelles ils laissent agir sans obstacles les ennemis de l'état. Ces gens officieux ressemblent assez à ces serpens politiques, qui changent de peau, sans changer de nature.

* * *

Les grands principes en politique et en morale ayant été expliqués tour-à-tour selon l'intérêt des opinions, sont aujourd'huy dans chaque classe de la société, envisages sous un point de vue totalement opposé. Tel gouvernement s'occupe moins de rendre ses peuples heureux, que d'étendre les limites de sa domination ; tel autre renonce volontiers à tout esprit de conquête, pour ne s'occuper que de la prospérité nationale.

* * *

Pour connoître avec une entière connoissance de cause l'origine des fautes et la source des calamités d'un peuple, il faut en avoir étudié le caractère national.

*
*   *

Le bonheur et le salut des nations doivent seuls décider, si elles sont bien ou mal gouvernées. Cette règle invariable nous apprend en même tems à apprécier les souverains.

*
*   *

Tel un Prince indolent est un chancre rongeur au coeur de l'état, tel un Prince trop actif, et qui veut entrer dans tous les détails, entrave par là même, la marche des affaires.

*
*   *

En fait de politique, plusieurs causes différentes produisent souvent les mêmes résultats et l'on peut donner à la même chose, plusieurs applications.

*
*   *

En administration, celui qui travaille comme un, et est payé comme deux, et celui qui travaille comm deux et est payé comme un, sont également utiles au public; mais qui d'ailleurs ne tient compte du plus ou du moins, ni à l'un, ni à l'autre.

*
*   *

La probité qui n'est qu'un devoir, ne peut devenir un motif de louange, qu' autant qu'elle serait une qualité rare; louer un homme d'état sous ce rapport, c'est faire une satyre générale, satyre injuste en toutes occasions.

*
*   *

Toutefois que des hommes sont associés,

c'est-à-dire: ligués pour un objet commun, il se développe dans ceux, dont l'ame est grande et généreuse, un sentiment, qui lès porte à se dépouiller de leur personnalité, et à se confondre dans l'union commandée par l'intérêt de la patrie. C'est là le vrai patriotisme.

* * *

Tout citoyen, homme social, ami de son pays, quand il a pleinement l'esprit de son état, ne vit plus que dans la vie sociale; identifié dans le corps dont il est membre, il n'est plus sensible à lui même; si le bien qui lui arrive, tient à une calamité dont son pays est frappé, dèslors ce bien, pour lui, se change en mal. Si le mal qu'il éprouve, est au contraire un bien pour sa patrie, il s'y plaît, l'ambitionne et s'y enfonce lui-même.

* * *

Il est dans la nature de l'homme né avec de grandes forces morales, de les développer; il n'est pas moins dans la nature des Gouvernemens de mettre en oeuvre toutes les resources de leurs peuples.

* * *

Tout homme soumis aux lois doit être considéré comme un individu irréprochable de la part du Gouvernement, et personne ne doit pouvoir l'inquiéter sous quelque prétexte que ce soit.

Nul n'a le droit de scruter les opinions et les sentimens de ses concitoyens et celui-là seul est homme de bien, qui, soumis aux lois de son pays et considérant sa patrie avant tout, désire et cherche à contribuer à la gloire et à la prospérité de sa Nation.

*
* *

„Si," comme l'a dit un philosophe persan. „l'amitié est un rayon de miel qu'il ne faut pas dévorer, afin d'en pouvoir jouir longtems; il ne faut pas non plus qu'un dévouement prétendu dévore la légitimite. C'est pourtant ce qui arrive en France, où les Royalistes veulent à tous prix, forcer un Roi constitutionnel à violer la Charte par reconnoissance envers eux,

*
* *

Il ne faut jamais dans un pays qui éprouva une révolution, perpétuer ses époques par des monuments, qui en retracent les désastres.

*
* *

Eh pourquoi alimenter de pénibles souvenirs? l'expérience du passé, les leçons offertes par l'histoire, ne sont pas toujours sans autorité, ni sans effets préservatifs pour les générations à venir.

*
* *

Parmi les besoins d'un grand peuple à la suite de longues commotions politiques, le plus impérieux pour toutes les classes des citoyens, c'est d'être promptement délivrées de cette contagion morale qui menace, jusque dans sa source, l'existence du corps social.

*
* *

Un gouvernement qui se trouve dans la calamité, ne doit jamais perdre de vue que, si un excès d'orgueil dégrade la prospérité, une noble fierté honore l'infortune; le courage, dans le malheur, est un trésor, qui souvent, peut sauver celui, qui a tout perdu.

* *
*

Toute nation qui a la conscience de sa dignité, respecte en tous les tems, la dignité des autres peuples

*
* *

Qu'un Souverain veuille fortement ce qu'il peut, et ce qu'il doit vouloir, il sera toujours obéï. S'il est des cas, où il vaut mieux ramener les têtes, que de les faire sauter, l'histoire nous prouve d'un autre côté, que des Princes se sont perdus, pour avoir été faibles au moment de l'altérnative, et trop avare du sang de leurs sujets.

*
* *

Des Gens sensés prétendent que l'Europe n'est pas encore arrivée au terme de ses troubles politiques et qu'il n'y a que les morts qui ne reviennent point!...,

*
* *

Trente années de révolutions ont fait naître en France une raçe d'hommes énergiques et que rien ne saurait plier à un autre joug qu'à celui des lois, de la justice et de la vérité. Ce ne sera donc que par la repression des abus politiques et administratifs, qu'on pourra faire chérir à ce peuple, le nouveau contract social, que son Prince actuel a passé avec lui.

*
* *

La société politique du monde civilisé se divise en deux partis; d'un côté est la puissance et de l'autre la soumission.

*
* *

Le pouvoir souverain est fondé sur une aveugle obéïssance, et celle-ci est motivée ou par l'amour ou par la crainte; mais souvent il est tout à craindre pour celui, qui n'a jamais inspiré que la crainte.

*
* *

Les évènemens politiques des derniers tems ont démontré la nécéssité de savoir démolir à tems utile, pour quiconque veut bien construire

Ces mêmes évènemens ont prouvé, que des circonstances fortuites nous rendent souvent désirables et nécessaires des hommes, que jusqu' alors on avait peu considérés.... Nul ne peut lire dans l'avenir et soutenir que ce qui fut hier, existera demain.....

*
* *

Les leçons du tems sont les plus profitables aux gouvernemens qui savent en tirer parti. Si l'histoire ne peut violer d'honorables asiles et donner à la postérité des modèles, dont celle-ci ne profiterait pas, elle n'a pas non plus le droit d'invectiver son siècle et de le ravaler au dessous de ceux qui l'ont précédés.

* * *

Il n'est aujourd'hui point de peuple, de génération, ou de condition, qui n'ait ses sages et ses savans en aussi grand nombre que dans les tems passés, Les circonstances seules ont décidé et décideront de la célibrité des uns et de l'obscurité des autres. Les évènemens dont ils furent les témoins, peuvent faire briller leurs talents, mais sans donner ni génie, ni sagesse, à qui n'en eût point.

* * *

Il serait fort à désirer, que tous les états sans distinction eussent une législation représentative, qui garantisse les nations de toute volonté arbitraire de la part de leurs souverains.

* * *

Le flambeau de la vérité, redouté dans quelques pays, n'est pourtant point une torche incendiaire; s'il répand la clarté, il ne cause aucun embrâsement.

* * *

Il est de fait, que tous les peuples ont des vices innés au caractère national; mais ces vices là n'amènent jamais une révolution.

En étouffant les plaintes d'un peuple mécontent, on rend son resentiment plus vif; en lui laissant au contraire une libre issue, non seulement on en neutralise tous les dangers, mais on ne tarde pas à en tarir toutes les sources. Il est facile d'ailleurs de prévenir une révolution naissante, en s'y prenant à tems utile, mais unefois éclatée, on l'arrête rarement. La comète brillante et redoutée ne s'astreind point à la marche régulière du système planétaire; elle se fraye une voie, en détruisant tout ce qui s'oppose à son passage.

* * *

On blame souvent des mesures politiques adoptées par l'un ou l'autre gouvernement, sans qu'on sache leur en substituer d'autres, plus salutaires ou également éfficaces.

* * *

Il y a des soit disant diplomates qui n'étant pas fort grecs dans la langue de leur état, prétendent qu'il ne faut jamais épiloguer les expressions. Ces politiques, à coup sur, n'y entendent pas finesse; les mots en tous écrits, quelqu'en soit le sujet, sont l'image expressive des pensées. C'est avec des mots, qu'on dépeint une idée. En employant des mots impropres, ou équivoques, on donne lieu à de fausses interprétations. De tous tems les mots ont fait naître des différents et des calamités. Il n'y a pas une loi, pas un traité, pas une convention, où l'impropriété des expressions n'ait fournie matière à quelque querelle. Néanmoins il est encore en Allemagne des Cabinets qui, soit par une économie mal entendue, soit par suite d'une méfiance tout aussi déplacée, préfèrent laisser sortir de leurs bureaux, des lettres, des notes et des actes mal redigés, remplis de phrases obscures et même de fautes d'écoliers, plutôt que de s'associer des Employés entendus dans la partie, et familiarisés avec le style diplomatique. Bien que la circonspection soit nécessaire en certaines occasions; poussée trop loin, elle dégénère en une méfiance pusillanime, odieuse et fiscale.

* * *

Il y a deux espèces d'équilibre politique; l'un naturel et indépendant, provenant de l'égalité proportionnelle entre les états, qui, jouissant de facultés à peu près égales en territoire, en population, en richesses et en position géographique, pensent opposer des moyens à peu près égaux d'attaque et de défense. L'autre équilibre politique est factieux et dépendant, résultant de la jalousie naturelle des grands Etats entr'eux, de la protection qu'ils accordent aux petits, enfin de l'attention de tous, à empècher les empiétements trop avantageux d'une Puissance*) au détriment de l'autre.

*) Il fallait donc, ô Puissances trop faciles! vous opposer dès le principe, à ceux de la Prusse dans le coeur de l'Allemagne; empiétement funeste et si contraire à l'équité, et à vos intérêts présens et à venir! . . . .

Dans l'état actuel des choses, il est impossible qu'une nation demeure isolée; il faut qu'elle trouve une alliée dans une des nations qui l'entourent.

* * *

Le principe mystique des nombres de Pythagore a été jadis en vogue et l'on serait tenté de croire, que de nos tems il a repris faveur. Tels sont les nombres 3. 7. 13. et 666. Celui de sept surtout a prévalu et fait beaucoup de bruit dans le monde. Cette sorte de prédilection étoit peut être fondée sur ce qu'il y a sept jours dans la semaine, sept planêtes au ciel, sept merveilles du monde, sept sages en Grèce, sept métaux en terre et sept péchés mortels (on pourrait ajouter encore les sept plaies d'Egypte.)

* * *

La paix est aujourd'huy le grand art de tous les gouvernements fatigués à bon droit des longues guerres qui ont épuisé leurs forces et leurs finances. Faire fleurir les arts et les sciences, prospérer le commerce et l'agriculture, propager les connoissances utiles, détruire les préjugés que certaines classes voudraient soutenir encore, former l'opinion publique, faire aimer le gouvernement, en donnant de sages lois, affermir tous les bons principes en politique, en morale et en littérature, voilà ce dont les gouvernemens doivent s'occuper avec zèle et persévérance.

Le naturel de l'homme social est de s'instuire beaucoup plus à l'école de l'adversité, que par la jouissance du bonheur. La raison qui s'endort dans la prospérité, se réveille et s'aiguise dans le malheur.

*
* *

Si la vertu et la vérité se rencontrent dans la vie privée, le vice, le crime et le mensonge ne sont que trop souvent les bases d'une odieuse politique. Un mensonge d'ailleurs quelque grossier qu'il soit, n'a besoin que d'être répandu avec impunité et sous les couleurs d'une vérité apparente, pour que chacun s'y trompe.

* *
*

L'histoire dans ses pages sanglantes, nous apprend, que l'injustice attire l'injustice, la haine est payée par la haine, et la violence par la violence.

*
* *

Ce n'est plus la volonté qui gouverne le monde, elle a du se soumettre à l'esprit du siècle.

*
* *

L'histoire des prodiges de l'esprit humain doit aumoins marcher de front avec le génie destructeur qui recule ou détruit les progrès de la civilisation. Ces progrès ayant rapproché les peuples, en les éclairant, ont détruit en partie les préjugés des différentes classes de la société.

Souvent la police censure des ouvrages dont elle approuve les principes, sans toutefois pouvoir les proclamer; asservi à la politique des cabinets étrangers, qui rarement sont d'accord avec l'équité, un gouvernement a souvent à craindre que la justice ou la franchise d'un écrivain n'irritent des puissances, que sa politique l'oblige à menager.

*
* *

Des Souverains ambitieux, tourmentés d'un esprit de conquête, et formant des prétentions illégitimes, deviennent eux-mêmes les perturbateurs de la paix reclamée par les nations fatiguées de toutes les guerres qui se sont succédées depuis un demi-siècle.

*
* *

En songeant au débarquement de Napoléon quittant l'isle d'Elbe, au départ du Roi Louis XVIII de sa capitale et aux conséquences que pouvait avoir une entreprise, dont les résultats tinrent l'Europe en suspends plus de trois mois entiers*); on se convaincra, que, sans croire au merveilleux, on peut s'attendre à des évènemens de toute nature.

---

*) On peut regarder les évènemens de 1815. comme ammenés par le couroux du ciel, pour achever de prouver, que l'issue des choses humaines n'est jamais en contradiction avec la justice qui les dirige! . . . .

On doit, en causes politiques, allier à l'équité un grand fond d'indulgence; tous ceux qui n'ont erré que par leur opinion, doivent être traités avec modération. C'est surtout dans les tems de trouble et de discorde qu'il ne faut point juger les hommes selon les maximes qu'ils proclament, mais plutôt d'après le bien qu'ils ont pu faire.

* * *

Les privilèges et droits honorifiques n'ayant rien de réel, ils ne peuvent avoir de valeur qu'au tant que leur jouissance serait exclusive. Et dans ce cas il faudrait qu'elle fut déterminée, fixée, et que rien ne fut abandonné à l'arbitraire de la vanité.

* * *

Tout peuple opprimé par la tirannie, a le droit de s'en affranchir, tel est l'ordre immuable des choses et le devoir sacré, que la nature lui impose.

* * *

La France, depuis trente ans, a été exposée à des guerres desastreuses au dehors, et à des dissentions funestes au dedans, sans même que ses excès de calamités aient éte compensés par le triste avantage de faire elle-même le choix de ses tirans. Elle a éprouvé la vérité cruelle, qu'un gouvernement oppresseur finit toujours par devenir l'écueil de son autorité et le terme de ses vexations, en hâtant l'époque où une nation opprimée rentre dans ses droits. L'autorité souveraine chancelle, dès qu'elle en abuse et dèslors elle cesse d'être redoutable. Le dernier tiran du siècle d'abord oppresseur de la France, foulant aux pieds la vie, la liberté et la subsistance des Peuples; de venu ensuite le fléau du continent, qu'à l'aide de la bravoure d'une nation enchainée à son sceptre, il remplit des monumens d'une ambition dangereuse et meurtrière, fournit en même tems l'exemple frappant et terrible des malheurs que peut accumuler sur des Peuples subjugués le fougueux esprit de conquête d'un tel despote, quand la fortune ennemie du bon droit et de la justice veut que dans ses enterprises, il soit secondé par le courage égoïste et servile de petits despotes crées par un grand et entrainés dans sa chute. Espérons qu'un exemple si grand et si funeste ne sera point perdu, pour les générations présentes et à venir.

* * *

Tout souverain trop généreux envers ceux qui l'entourent, épuise la multitude, pour enrichir ses premiers adulateurs. Ses largesses sont autant de chaines, dont il accable ceux, qui en fournissent les anneaux.

* * *

Il faut, d'un autre côté, rendre aux souverains la justice de dire que ce n'est pas toujours leur faute, si leurs sujets ne sont pas aussi heureux qu'ils pourraient l'être. C'est souvent celle du siècle, des circonstances, des ministres dirigeants, souvent aussi de la nation même et d'une sorte de fatalité, attachée aux personnes ou à l'administration de ces derniers.

* * *

L'opinion publique est souvent injuste; semblable à l'aveugle fortune, elle dispense au hasard, le blame ou la louange. De même on la voit quelquefois couronner le coupable, et livrer les innocents à sa fureur; mais tôt ou tard le bon droit triomphe, et la justice retrouve des vengeurs.

* * *

De tous tems et dans tous les pays les gouvernemens toujours affamés d'argent, n'ont été que trop enclins à porter atteinte aux propriétés de leurs sujets; souvent même ils déguisaient leurs mesures arbitraires sous le prétexte de conserver le bien public; des réformes et des confiscations exécutées avec du canon et des bayonnettes, des soldats forcer à coups de sabre, et de fusil les sujets à être heureux! . . . .

Eh n'avons-nous pas vû pis encore!? dépouillés des droits qu'ils tenaient de la nature et des lois sociales, des citoyens privés de leur état, de leurs biens, punis au moindre murmure par des proscriptions, des banissements; jetés dans des cachots, menacés d'assassinats, s'ils osaient divulguer les injustices odieuses dont ils avaient été les victimes innocentes . . . et les lois? dira-t-on; que peuvent des lois à celui qui, tout en ayant juré de les faire observer, les viole ou les abroge, en se disant au dessus d'elles? quelle protection leur impuissant effet, peut-il accorder aux opprimés dans un pays gouverné par un oppresseur?

* * *

Les souverains qui ne pardonnent pas dans certaines circonstances, méritent de l'indulgence, attendu qu'il y a des cas, où il vaut mieux être trop sévère, que d'être indulgent.

* * *

Tous les titres et droits de souveraineté admis pas les nations civilisées, se réduisent à trois espèces; l'une est le droit naturel, la seconde le droit politique ou de conquète et la troisième est le droit civil.

Un Prince devient Roi, parceque son père l'a été, il lui succède à la couronne en vertu du droit de consanguinité ou de primogéniture; il recueille ainsi l'héritage de ses pères de la même manière, que tout autre particulier hérite les possessions de ses parents après leur mort, c'est là le droit naturel.

Le droit politique est uniquement fondé sur des conventions qui, à la vérité, peuvent être de différentes natures. Il nait de l'acquisition qui, elle même, s'opère par la conquête qui n'est autre chose, que le droit du plus fort. Il n'est pas nécessaire de citer des exemples à l'appui de ce droit?! . . . . Néanmoins ce droit de conquête ratifié et légitimé par des traités et des accords entre les parties intéressées, rend la possession des pays acquis ou conquis, sacrée et respectable.

Le droit civil n'est en vigueur que dans les états électifs, où le peuple, ou bien une partie d'icelui, désigné ou par la coutume ou par la loi, choisit un souverain, auquel on prescrit des conditions quelconques et qu'il est tenu de remplir, pour conserver les droits qu'on lui confère.

Ce droit civil est encore usité dans les Etats républicains, tels que la Suisse et la Hollande, dans les villes libres anséatiques, où l'on élit les Magistrats auxquels on confère un certain dégré d'autorité et de pouvoir qu'ils ne peuvent outrepasser.

Un souverain règne dans un état, parceque des traités, entre les puissances voisines et lui, lui en ont conféré le gouvernement et lui en garantissent la souveraineté. C'est encore là un effet du droit politique.

Le droit naturel, qui donne des titres à la souveraineté ou à l'autorité, existe dans tous les états héréditaires, où les enfans succèdent à leurs pères sans contradiction, en vertu d'une constitution établie et sanctionnée par la nation.

Le droit de conquête absolue autant que despotique, droit du plus fort, crée par la loi du canon et des bayonnettes fut celui qui donna les Royaumes de Westphalie, d'Espagne, de

Naples et de la Hollande aux frères de l'usurpateur du trône de France.

* * *

Les souverains ratifient les traités conclus par leurs plénipotentiaires et jusqu'à la ratification, ces traités sont sans force et sans valeur. La signature matérielle et le sceau des hauts contractants seuls donnent aux conventions de leurs Ambassadeurs l'authenticité dont elles ont besoin pour inspirer de la confiance et produire des effets durables.

* * *

Dans tous les tems les hommes furent disposés à prendre l'erreur pour la vérité et des apparences pour de la réalité, ils aimèrent à se nourrir de chimères. En vain l'expérience, cette pierre de touche des actions humaines, s'est souvent efforcée de les desabuser; mais de grandes leçons leur ont été données sans fruit.

* * *

Si l'on doit respect et soumission aux prérogatives attachées au caractère de la majesté du trône et à la dignité des souverains, on ne peut, d'un autre côté, disconvenir que les princes sont des hommes comme nous, faibles et faillibles, comme les autres mortels, sujets à mille erreurs, exposés à des surprises sans nombre, soumis à des passions d'autant plus dangereuses qu'ils peuvent les satisfaire et qu'elles ont une influence souvent bien funeste sur le sort de leurs sujets.

Dans un état libre, composé de citoyens égaux, tous les hommes ont un droit égal et un intérêt commun au maintien des lois et de l'ordre public, chacun d'eux peut en être le surveillant, ainsi que cela se pratiquait dans quelques républiques anciennes.

*
* *

Entretenir un lion dans l'état, est une faute politique, à laquelle on ne peut remédier, qu'en se soumettant aux maux qui en résultent.

* *
*

Il est d'ordinaire que les sottises et les faiblesses des Princes passent pour des secrets d'état.

* *
*

Il ne faut jamais qu'un souverain ou ses ministres, une fois décidés à telle ou telle mesure, s'arrêtent à l'opinion de la multitude, dês qu'ils en ont calculé les résultats. Voilà l'une des raisons qui font de l'art de gouverner un métier, auquel beaucoup de gens n'entendent rien.

* *
*

Si des femmes ont ostensiblement règné en Autriche, en Suède et en Russie, il n'en est pas moins prouvé, que la loi salique qui les exclut du trône, était bien-vue.

* *
*

Employer plus de courage que de sagesse, est une maxime dont les Conquérans se trouvent toujours bien. Mais ils éprouvent aussi, qu'on ne troublent le repos du monde qu'aux dépends du sien propre, et qu'on ne saurait devenir grand sans se rendre parfois odieux.

*
* *

Peu se ferait dans le monde politique, si tout était facile, et s'il s'est fait beaucoup, ce fut par ce que bien des entreprises échouèrent avant; il s'en suit, que l'on ne connoitrait point de triomphes, si l'on n'avait éprouvé des chances; toujours des obstacles excitent à en braver de plus grands.

*
* *

Il est de l'intérêt des souverains de connoître ceux de leurs sujets qui sont à leur service, ne fut-ce, que pour les apprécier à leur juste valeur. Il n'est pas moins bon, qu'ils accordent de l'accès à ceux qui cherchent à les aborder et qu'ils ne dédaignent point d'entendre le dernier de leurs sujets.

*
* *

Ce fut l'esprit du tems qui a dirigé les évènements qui nous ont prouvé, que les révolutions seules forment les grands hommes.

*
* *

On prétend que les peuples gouvernés par des princes philosophes sont heureux; mais ne sont pas moins heureux les souverains qui ont beaucoup de sujets philosophes.

*
* *

Tout homme qui a le malheur d'être né Prince et que son sort a condamné à gouverner un peuple, doit toujours, quelqu'ingrat qu'il puisse être, s'appliquer à le rendre heureux, en remplissant tous les devoirs d'un bon souverain.

* * *

S'il est vrai, qu'il n'y ait que les hommes d'une trempe commune qui puissent soutenir un travail constant sans le charmer parfois par ces dissipations qui renouvellent les forces et les organes, dèslors il peut être indifférent, quel genre de délassement un souverain préfère; les femmes, la table, la chasse. les beaux-arts; il lui en coutera toujours, pourvu que l'argent ainsi dépensé, ne sorte pas du pays; c'est là le grand point. Qu'une maitresse, à qui un prince prodigue l'or, le jette, à son tour, par la fenêtre, qu'elle satisfasse toutes ses folies, sans faire passer cet or à l'étranger; après avoir circulé dans vingt mains, il finira toujours par rentrer au trésor de l'état ou par s'enmalgamer au bien public.

* * *

Tant qu'un Roi vit et qu'il répand des bienfaits sur ceux qui l'entourent, il est leur idôle; on l'étouffe d'encens, des Poëtes le chantent, des Journalistes mercenaires font retentir le monde du bruit de ses actions. Son peuple le craint souvent plus qu'il ne l'aime, parcequ'il en est à peine connu. Mais une fois tombé, la vérité le juge et souvent elle se venge avec sévérité des attentats qu'une basse adulation osa commettre, pour tromper les contemporains.

La Majesté du trône attire le respect. Les grands talents des Princes obtiennent l'admiration, leur puissance inspire la crainte et l'abus qu'ils en font, la terreur. Mais la bonté, la douceur et l'affabilité des grands les rend maîtres des coeurs *).

* * *

Il est difficile à un souverain de n'être pas ambitieux, alors qu'il est assez puissant pour devenir redoutable; la maxime des conquérans a toujours été d'employer le pouvoir à l'agrandissement de leurs possessions, mais ils ont éprouvé à leur

---

*) Le grand-Duc de W..... connu dès longtems comme protecteur généreux des sciences et des arts, est aimé de ses heureux sujets comme un père l'est de ses enfans. l'urbanité et la franchise du noble caractère de ce prince vraiment philantrope, éloignent de sa personne la flatterie et l'astuce qui ne sauraient l'abuser. Son équité ne se dément en aucune circonstance, toujours il protège les talents et reprime les abus. Il veille avec des soins touchants aux bien-être du dernier de son peuple,, en se transportant lors d'une calamité publique, lui-même sur les lieux pour activer, par sa présence, les secours nécessaires Tel on a vu ce Prince tout récemment à l'incendie d'un village près de sa capitale, y travailler comme tous les assistants, encourager ceux qui y répugnaient, les y obliger et au besoin les y faire contraindre. heureux les peuples gouvernés par des princes qui s'identifient ainsi à leurs maux et dont la constante sollicitude les prévient et les adoucit.

tour, que la force enlève tôt ou tard, ce que qu'on a acquis par la force.

* * *

Nous avons vu de nos jours l'exemple le plus frappant d'une puissance dénuée de toute souveraineté légitime. Malgré le manque absolu de toute équité, le gouvernement de Buonaparte reposait néanmoins sur des préjugés tels, que sans son ambition démesurée, le sceptre d'airain qu'il faisait péser sur tout le continent, ne serait peut-être jamais échappé de ses mains.

* * *

La grande politique du jour consiste de s'opposer conjointement avec les souverains à l'empiédement des prérogatives d'une certaine caste, qui voudrait bien revoir les choses au même point, où elles étaient en 1790.

* * *

Quelle est la puissance dont l'influence est la plus funeste; celle qui, par la force d'armées formidables, pille et ravage les Nations et leur donne de nouveaux souverains, ou celle qui par des transactions commerciales iniques et rusées, par des emprunts intéressés, rend les gouvernements tributaires, en épuisant les peuples. Ce serait là une question à résoudre! . . .

* * *

L'expérience a prouvé la sagesse du systême qui fait de tous les états de l'Europe les membres d'une seule famille, chacun intéressé à la défense de tous, et qui, dans l'accroissement de chacun d'eux, fait prévoir à tous les autres le contre-coup qui les menace.

*
* *

Nous avons vu de même, que la lutte n'est jamais égale entre la politique forcenée qui veut tout ce qu'elle peut, et la loyauté qui croit encore au devoir et surtout à la bonne foi. Toutes les puissances du Continent, fatiguées, abusées, par l'exempereur de France ; l'Europe entière enfin, n'a-t-elle pas éprouvé qu'il est un genre d'ambition que rien n'assouvit, ambition qui d'usurpation en usurpation, guidée par le besoin de tout dévorer, va sans cesse en avant, indifférente d'ailleurs sur le choix des moyens et maniant de même les armes et la plume, la violence et les serments ! . Que d avanvages cette funeste politique n'a-t-elle point remportés, au détriment de celle qui voulut être juste !

*
* *

Tout Conquérant devenu tout-puissant par la force des armes, cherche à faire passer sa volonté arbitraire pour un principe appuyé sur le droit des nations. Souverain autocrate, il attend et apperçoit avec une sorte de volupté, l'adoption et l'exécution des lois imposées par la cruauté, celle-ci et la volupté du pouvoir étant si étroitement liées, qu'elles jouissent avec une joie infernale, de leurs succès réciproques.

Le mot de liberté resonne si agréablement qu'on ne répugne pas à l'entendre. lors même qu'il indique un abus.

* * *

L'homme sensé n'aime point à faire quelque chose à l'improviste ni en matières civiles, ni en matières morales ou politiques; il lui faut une conséquence d'où il résulte pour lui une habitude; il ne saurait morceler ce qu'il aime, ou ce qu'il devra faire, et pour s'y livrer à reprise, il ne faut pas, que cette habitude lui soit dévenue étrangère. Il en est ainsi de l'affection des Francais pour leur Roi actuel.

* * *

Un écrivain politique allemand fort estimable, a dit, qu'il n'existait en ce moment que quatre grandes Puissances: la Russie, l'Autriche, la France et l'Angleterre. Il ajoute que la Prusse et la Suède dans le nord, l'Espagne et la Porte dans le Sud, ne sont que des Puissances secondaires et tous les petits états d'Europe, qu'autant de roues inutiles, qui rend ent le mouvement de la grande machine politique incertain et compliqué.

* * *

La politique, dit-on, est la science d'Etat par excellence; elle est la connoissance des moyens légitimes ou illégitimes, qui conduisent à une fin; comme telle, elle est l'ame des cabinets et des gouvernemens; elle seule exige plus d'esprit et de talents que toutes les autres sciences ensembles.

* * *

Il en résulte, que pour être bon politique, il faut avoir des qualités rarement réunies; une pénétration vive, un jugement solide, une connoissance profonde du coeur humain, un air ouvert et des pensées cachées; de l'imagination, du feu et du sang-froid. Il faut savoir pénétrer les hommes, sans qu'ils s'en apperçoivent, flatter leur amour propre, même aux dépends du sien; avoir de la patience et savoir endurer les importunités; il faut être sage, et ne point le paroître toujours, ne pas se donner pour ce qu'on est, sans toutefois se donner pour ce qu'on n'est pas.

Tel fut Talleyrand, le premier et le plus grand diplomate de nos jours. Si Napoléon l'avoit écouté, il ne serait pas à sainte-Hélène.

* * *

La politiqne, considérée comme l'art de règner, doit être différente dans les différents états; il importe qu'aucun gouvernement ne s'écarte des bases fondamentales de sa constitution, autrement le Souverain en devient le tiran. Bientôt la démocratie et l'aristocratie tombent dans l'oligarchie, tout ne devient que trouble et confusion, qui finissent par dégénérer en révoltes et séditions.

* * *

Le gouvernement le plus conforme à la nature humaine et à l'esprit du siècle, est celui dont les dispositions particulières sont adaptées au caractère national du peuple, pour lequel il aura été établi.

* * *

Jules Cesar couvrait son ambition du spécieux prétexte de l'intérêt de la patrie. „Le pouvoir souverain s'affaiblit" disait-il, „quand on en abuse, mais il s'augmente, lorsqu'on en use avec modération." Après avoir vaincu Pompée dans les plaines de Pharsale, où il fit quantité de prisonniers, on lui demanda quel sort il leur destinait. „Je leur pardonne" répondit-il, „d'avoir été mes ennemis; qu'on les renvoie comblés de mes bienfaits." C'est ainsi que sa prudence lui suggéroit les moyens de receillir les fruits de la victoire qui souvent n'est qu'un pur effet du hasard, mais la sagesse et l'expérience seules, peuvent apprendre l'usage qu'il faut en faire.

* * *

La paix est assurément préférable à la guerre, cette dernière a cependant ses avantages, elle donne aux nations de l'activité, de l'ambition et les rend redoutables à leurs voisins. Si les révolutions produisent de grands hommes, il n'y a que la guerre qui fasse des héros et des peuples belliqueux.

* * *

Ce fut moins l'ambition et l'esprit de conquête, qui ont fait donner à Alexandre le hom de grand, que sa générosité, sa clémence et ses autres vertus. Il n'en était pas ainsi du grand conquérant de notre siècle et qui pourtant se crût plus grand qu'Alexandre.

Cromvel s'ouvrit le chemin à la dictature suprême par les plus grands attentats et les plus noirs forfaits. Mais il s'y maintint par des qualités qui sembloient l'en rendre digne.

*
* *

On prétend qu'Annibal commit une grande faute en menant son armée à Capouë, où elle s'énerva; mais on ne considère point la chose sous son véritable point de vue; les soldats de cette armée, devenus riches après tant de victoires, n'auraient-ils pas retrouvé Capouë partout? Alexandre qui commandait à ses propres sujets, recourut, dans une occasion pareille, à un expédient, qu'Annibal, qui n'avait que des soldats à gages, ne pouvait pas prendre; il fit mettre le feu au bagage des soldats et au sien, et il brûla ainsi toutes leurs richesses et les siennes.

*
* *

On a parlé beaucoup de la fortune de César; mais cet homme extraordinaire avait tant de grandes qualités, sans avoir un défaut, quoiqu'il eut bien des vices; quelqu'armée qu'il eût commandée, il dut être vainqueur, quelque république qui l'eût vu naître, il dut la gouverner.

* *
*

Si Caton s'était reservé pour la République, il eût donné aux affaires toute une autre tournure,

Cicéron, avec des qualités admirables pour jouer un second rôle, étail incapable du premier, il avait un beau génie, mais une ame souvent commune: l'accessoire chez Cicéron c'étoit la vertu, chez Caton c'étoit la gloire: Cicéron toujours se voyait le premier; Caton s'oubliait toujours, celui-ci voulait sauver la républiqµe pour elle même, celui-là, pour s'en attribuer la gloire. Enfin quand Caton prévoyait, Cicéron craignait, quand Caton espérait, Cicéron se confiait, et lorsque le premier envisageait les choses de sang-froid, l'autre ne les contemplaient qu'au travers de cent petites passions.

* * *

On est bien aise de voir l'humiliation qu'Octave fit subir à Lépidus après l'avoir dépouillé du Triumvirat. Ce Lépidus était en effet le plus méchant citoyen qui alors exitât dans la république. Toujours le premier a suscité des troubles, en formant sans cesse des projets funestes et où il était obligé de s'associer de plus habiles gens que lui. Un auteur moderne s'est plû à en faire l'éloge et cite Antoine qui dans une de ses lettres, lui donne la qualité d'honnête homme; mais un honnête homme aux yeux d'Antoine, ne devait l'être guères à ceux des autres.

* * *

Trajan était le Prince le plus accompli dont l'histoire ait jamais parlé; c'était un bonheur d'être né sous son règne, il n'y en eût point de si heureux, ni de si glorieux pour le peuple romain; grand homme d'état, grand capitaine ayant un coeur droit et bon qui le portait au bien, un esprit éclairé, qui toujours lui indiquait le meilleur; une ame noble, grande et belle, avec toutes les vertus, n'usant d'ailleurs d'extrême en aucune; Trajan enfin était l'homme le plus propre à honorer la vertu humaine et à représenter la divine.

* * *

On éprouve un plaisir secret, en songeant à l'Empereur Marc-Aurel, et l'on ne saurait lire sa vie sans une espèce d'attendrissement; tel est l'effet qu'elle produit, qu'on a meilleure opinion de soi-même, parcequ'on en a une meilleure des hommes.

* * *

Commode, qui succèda à Marc-Aurel son père, était un monstre qui s'abandonnait à toutes ses passions.

* * *

Il n'y a guères eu d'Empereurs plus jaloux de leur autorité que Tibere et Sévere et . . . de nos jours, Napoléon; cependant ils se laissèrent gouverner l'un par Séjan, l'autre par Plautien et le dernier par tous ceux, qui avaient l'air de l'admirer et de lui donner toujours raison.

* * *

S'il avait été véritablement grand, eut-il voula survivre à sa gloire, à son existence politique? n'eut-il pas dans une telle extrémité, du prendre un parti digne d'un homme qui avait tout risqué? Vainement il tâcha de voiler sa lâcheté d'une prétendue philosophie, dont personne n'a été la dupe. Il devait savoir mourir.

* * *

La terre se meut sur son axe, les astres poursuivent leur marche, la civilisation achève ses progrès, sans que rien ne puisse faire rétrograder les Français vers le point où ils en étaient avant la révolution.

* * *

Tout Prince qui aime trop le luxe, prouve par ce penchant une pussillanimité qui le rend indigne du trône.

* * *

Si sans foyer et sans gîte, on n'est pas citoyen, on est tout aussi peu Prince, sans sujets et sans Domaines.

* * *

On prétend que le siècle passé fut, de préférence au nôtre, le siècle du génie et que le siècle prochain fleurira peut-être sous le sceptre d'une saine raison.

* * *

Toute tirannie se détruit elle même; elle disparoîtra plus ou moins rapidement, suivant que son accroissement sera parvenue à cette grandeur démésurée, qui est la plus voisine de sa chûte.

* * *

Mais la chûte de la tirannie n'est pas toujours suivie de la renaissance d'une liberté nationale.

Depuis 1789. il y a eu en France plusieurs constitutions, mais toutes étrangères à la liberté nationale. Jamais Peuple ne fut plus esclave, que les Francais ne l'étaient sous le joug de Napoléon.

* * *

La liberté généralement parlé, se divise en liberté individuelle, liberté morale, liberté religieuse et liberté civile.

* * *

La liberté individuelle donne à l'homme né libre, la faculté d'un être indépendant de la volonté d'autrui, en sorte, que ses actions n'émanent que de sa seule volonté, sans être influencées par une cause étrangère,

* * *

La liberté morale nous met à même de pouvoir, dans toutes les circonstances, suivre notre propre sentiment, soit qu'il nous entraine vers le bien, ou vers le mal.

* * *

La liberté religieuse s'étend sur la faculté d'exercer sans gêne, ni empèchement, tel culte religieux, que nous croyons être le meilleur.

* * *

La liberté civile donne aux citoyens le pouvoir de se gouverner ou de se faire gouverner, suivant leur volonté, et par des lois sanctionnées par tous les membre des la société.

* * *

Sans la liberté individuelle l'homme n'est

qu'une machine que tout autre pourrait diriger et faire mouvoir à son gré. Il n'aurait point de volonté à lui, il n'aurait pas le pouvoir de faire ou de changer une chose, il n'aurait jamais aucun mérite, ni de faute à se reprocher.

* * *

Sans la liberté morale, l'homme n'est qu'un être vil et méprisable, soumis aux passions, triste et impuissant jouet d'une basse cupidité.

* * *

Sans la liberté religieuse et civile, l'homme n'est qu'un être ignoble et purement animal, sans droits, sans propriétés, sans conscience. ni probité, courbé sous un joug étranger, tremblant à l'ordre de toute autre créature, qui par le droit du plus fort, serait devenu son maître.

* * *

Il est de l'intérêt des souverains du continent régénéré, de donner à leur sujets une liberté possible et surtout de limiter le moins possible celle individuelle. Une telle liberté n'est point incompatible avec la souveraineté du trône.

* * *

A l'époque encore peu éloignée, mais déja oubliée de ceux qui y étoient intéressés, lorsque les trônes ébranlés menacaient de s'écrouler, lorsque la noblesse, qui n'avait pour appui, que ses préjugés, était sur le point de se voir réduite à rien, les peuples invoqués vinrent au secours de leurs Princes, ils ont défendu leurs droits et combattu pour leur indépendance. Voudrait-on refuser aux peuples la récompense due aux sacrifices innombrables qu'ils ont faits? . . . Ce que tous ont acquis au prix de leur sang, doit être accordé à tous.

* * *

Il est à la connoissance de l'Europe entière, et la postérité connoîtra par l'histoire dans quels périls et dans quelle agonie la plupart des souverains se sont trouvés. On a vu dans ces momens d'un danger éminent et où les peuples tenaient en leurs mains la destinée de leurs Princes, on les a vu, loin de se prévaloir de leur avantage, donner des preuves de dévouement et de persévérance telles, que les siècles à venir ne pourront leur en refuser un tribut d'éloges et d'admiration. Et si ces souverains, maintenus et dans leurs états, et dans leur puissance, en ont senti tout le prix, s'ils ont parus pénétrés des grand sacrifices commandés par les circonstances et qu'ils ont obtenus de leurs sujets, ils doivent aujourd'hui aux nations, comme garant perpétuel de leur reconnoissance, un bienfait qui en soit digne, ils leur doivent une constitution libre, telle que le grand-Duc de W....., ce Nestor éclairé des Princes de l'Allemagne, en a, le premier, donné une à ses heureux sujets.

* * *

Depuis le retablissement des Bourbons sur le trône de France, on a beaucoup parlé dans les journaux et brochures politiques, du systême de la légitimité et de la nécessité de le maintenir.

* * *

Bien que Hugues Capet soit parvenu à la royauté sans ruse et sans violence, on ne peut néanmoins disconvenir, qu'après que ses droits au trône avoient été reconnus au Parlement tenu à Orléans, le principe de légitimité n'ait été maintenu en France, durant sept siècles, déduction faite de l'interruption amenée par la révolution et par le gouvernement de Napoléon.

* * *

Une circonstance assez remarquable dans la chaine des évènements présents ou à venir, c'est que si le fils de Napoléon, ou l'un de ses descendants parvenait un jour au trône de France, le principe tant prèché de la légitimité ne serait point violé, puisque le jeune Prince de Parme, du côté maternel, descend en ligne directe de Louis XIV. Marie-Louise se trouvant, par sa mère, être petite-fille du Roi actuel de Siciles, Ferdinand XIV. Il en résulte, que cette légitimité serait toute aussi fondée, que ne l'est celle de tant d'autres Princes règnants.

* * *

Le principe de la légitimité a toujours été constamment suivi en Espagne, dans le Portugal et en Sicile. On s'y est attaché en Angleterre jusqu'au règne de Henry VII. et non compris la courte durée du protectorat de Cromvell. En

Hongrie le droit de légitimité ne fut observé que jusqu'à l'extinction de la dynastie arpadienne, et il n'a été retabli que sous l'Empereur Léopold I.

* * *

En Bohême, le principe de légitimité n'a règné que fictivement; mais il a véritablement été institué que sous Ferdinand II. Il en est de même du Danemarc, où le systême de légitimité devint un droit politique sous Frédéric III.

* * *

La Russie a toujours demeurée fidele au droit de la souveraineté légitime, excèpté les époques où Boris Gnodonow, après l'extinction de la branche Rurique, et les deux Cathérines, la première après Pierre le grand, la seconde après Pierre trois, s'étaient emparés de la souveraineté.

* * *

C'est en Suède que le droit de légitimité héréditaire a le moins pris racine. L'ancienne dynastie des Ragnare Lodbroc y règna jusqu'en 1051. Depuis cette époque, différentes familles, qui se détruisirent les unes les autres, briguèrent successivement une souveraineté, qui alors méritait a peine ce nom. En 1250 la branche puissante des Folkunger parvint au trône scandinave et s'y maintint jusqu'en 1389. Toutefois la souveraineté de cette dynastie dût être peu affermie, puisque de sept Rois, cinq moururent ou exilés, ou emprisonnés. Le droit d'élection y règnait alors. Après l'abdication d'Albert de Mecklenbourg qui du côté maternel descendoit de la race des Folkunger, les Suédois placèrent leur couronne sur la tête de la Reine Marguérite.

Nous passerons les époques sanglantes et desastreuses des Rois-unis de Suède, pour arriver au tems de Gustave Wasa, issu d'une fille d'Eric III. et qui en 1522 délivra sa patrie et monta sur le trône. Ce fut pendant son règne qu'en 1544 le droit de souveraineté en Suède fut déclaré héréditaire, et étendu en 1601. au défaut d'héritiers mâles, sur les filles non mariées. Christine, en vertu de cet acte succéda à son père, et se placa sur le trône des Suédois. Après l'abdication de cette Reine philosophe, survint le droit d'élection de la part des Etats. Charles X issu de la maison de Deux-ponts, fut élu Roi de Suède. Après la mort de Charles XII les états reprirent leur droit d'élection, en vertu duquel Frédéric de Hesse, marié à Eléonore, soeur cadette du Roi Charles, obtint la couronne; en 1751 il eut pour successeur le père du Roi Frédéric Adolphe, Duc de Hollstein-Gottorp; à Gustave Adolphe, déchu de la Royauté, succèda Charles XIII. Duc de Sudermannland, mort au mois de mars 1818.

* * *

L'élévation au trône de Suède du Prince royal adopté par Charles VIII. est un de ces évèvement qui a fait une grande sensation dans le monde politique, parcequ'on ne s'attendoit pas à le voir succèder tranquillement au feu Roi. On en parle encore de différentes manières. Ceux qui ne reconnoissent d'autres droits à la royauté que les titres donnés par la naissance, n'ont pu apprendre sans un mécontentemant secret, l'avènement de Charles-Jean au trône de Suède. Mais il n'en est pas de même de ceux qui, se rappellant ses faits militaires, ses succès et les talents de grand général et de politique consommé, applaudissent franchement à cette élévation, qui ne peut qu'honorer la nation suédoise.

Né à Pau en Béarn, le 27 janvier 1764 Bernadotte entra en 1780 comme soldat dans le régiment de Royal-Marine. Son activité, ses talents et sa bravoure lui valurent un avancement rapide. En 1794 il commanda une division de l'armée de Sambre-et-Meuse, à la bataille de Fleurus. Ce fut lui, qui en 1796 après la bataille de Rivoli fut envoyé à Paris par le Général en Chef Buonaparté, pour présenter au Directoire les drapeaux enlevés à Pechiéra. En 1799 il obtint le commandement en Chef d'une armée d'observation sur le rhin; en l'an 7 il fut nommé ministre de la guerre et en 1804 Napoléon le fit maréchal d'Empire et le chargea du commandement de l'armée de Hannovre. En 1805 il se réunit aux Bavarois, alors alliés de la France et les reconduisit dans leur Capitale après la victoire remportée à Ulm. Nommé en 1809 général en chef du neuvième corps de l'armée francaise, il obtint en avant du pont de Lintz, un grand avantage sur les Autrichiens. Peu de tems après, il fut envoyé en Hollande, pour s'opposer au débarquement des Anglais dans l'isle de Walcheren; après leur départ il revint à Paris, et Napoléon dans l'espoir de subjuguer aussi les isles scandinaves, et de fermer leurs ports aux marchandises anglaises, disposa par son influence le Roi et la nation suédoise à faire proclamer Bernadotte Prince royal, ce qui fut fait par les Etats du royaume, le 21. août 1810, époque jusqu'à laquelle il s'était couvert de gloire à la tête des armées francaises.

Ce fut le 1. novembre 1811 qu'il fit son entrée solemnelle à Stockholm, l'Europe connoît les services importans que ce Prince rendit dans les grands évènements qui ont décidé du sort des nations, en les rendant à leur indépendance.

La Suède se plait à proclamer les vertus d'un Prince, qui trouva sa récompense dans l'amour du peuple. Plein de respect pour les libertés de la nation, religieux observateur des lois du Royaume ayant toujours défendu les grands intérêts du peuple, il a fait élever son fils Oscar dans les moeurs et usages nationaux, et ce fut à cette sage conduite et non moins à sa loyauté et à son dévouement à la cause de sa nouvelle patrie, qu'il dut l'insigne gloire d'être porté par l'assentiment unanime du peuple, du clergé, de la noblesse ? et de l'armée au trône de Suède, dont il prit sous le nom de Charles-Jean I. possession le 6. mars 1818. C'est ainsi que la Suède se voît dédommagée de pertes extérieures par une dynastie étrangère, et qui n'a d'autres droits au trône de Scandinavie que ceux de ses vertus, de son génie et de l'amour du Peuple.

www.ingramcontent.com/pod-product-compliance
Ingram Content Group UK Ltd.
Pitfield, Milton Keynes, MK11 3LW, UK
UKHW012104240726
13965UKWH00004B/1541

9 782013 190756